紙とリボンでたのしく飾ろう
ラップルさんのアイデア・パーティ

Littlemore

はじめまして、「ラップル」です。こんにちは。

　わたしの名前は、ラップル。ラップ（包む）とアップル（りんご）に由来します。梱包材の老舗メーカー「シモジマ」が渋谷パルコに作ったラッピングとD.I.Y.の専門店です。わたしが誕生したきっかけは、アートディレクターの植原亮輔さんのひらめきでした。それは「りんごの皮をくるくるとむいたらリボンになる」という素敵なアイデアで、ロゴも一緒に生まれました。身近にあるりんごの皮さえも、アイデアひとつで可愛いリボンに変身する、という意味もこめられています。

　この本は、わたしのなかでむくむく育ったアイデアや、発想の転換でこんなものもできる！　という発見を元に作りました。紙・リボン・シールなど、身近な材料や文房具を使ってパーティをするとしたら、みなさんはどんなことを思い浮かべますか？

　週末に友人を招いたホームパーティから、お子さまとの誕生日会、オフィスでのお祝いごとや、ウエディングパーティまで。大切な記念日はもちろん、移りかわる季節を楽しんだり、日々の贈り物にひと手間加えるだけで、毎日が楽しくなります。この本には、そんなパーティや、心をこめた贈り物のための、ちょっとしたヒントをいっぱいつめこみました。

色とりどりのリボンや様々な絵柄の包装紙は、持っているだけでもわくわくする魅惑のアイテム。ラッピングはもちろん、お部屋のデコレーション、テーブルセッティングの主役としても大活躍します。また、いつも何気なく使っている日用品や文房具は、クルクル変わる表情を見つけて、ラッピングや装飾に使っても楽しいはず。

　この本に載っている飾りつけやラッピングは、ほんの一例です。このとおりに作るだけでなく、それぞれアレンジしてみてください。写真を参考にしながら、新しいひらめきをどんどん加えて、すてきな発見を重ねていただけたらうれしいです。なお、とりわけ難しいものはありませんが、作り方があったほうがわかりやすいアイテムは、手順を解説するページもご用意しました。

　手作りパーティは、作る過程も大切にしたいものです。お友だちやご家族、お子さん、あるいは職場の方々と一緒にチョキチョキペタペタ、あーだこーだと言いながら支度する時間が、よい思い出になりますように。

　さあ、好きなところからページをめくってみて、わくわくするアイデアを見つけてください！

——ラップルさんより

WRAPPLEってどんなお店？

切って、結んで、穴あけて、
あふれるラッピング材料とアイデアで、
日々の贈り物から結婚式までカタチにできるお店です。

ラッピングとD.I.Y.にまつわる専門店WRAPPLEでは、包装紙・箱・リボン・シールなどのラッピング資材や、クラフト用品・造花・ステーショナリーなど、何千種類ものアイテムをご用意しています。豊富な材料とアイデアであなただけのラッピングやハンドメイド・クラフトをお手伝いします。

店頭では毎日のようにワークショップが行われています。なにげない文房具やかわいい包装資材を使って、ラッピングをしてみたり、デコパッチやスクラップブッキングなどのクラフトをしたり、不思議なオブジェを作るアーティスティックな教室も。そこでは、こんな材料のこんな使い方があるんだ！ という発見もたくさんあります。

右ページ　WRAPPLEオリジナル包装紙　デザイン：植原亮輔

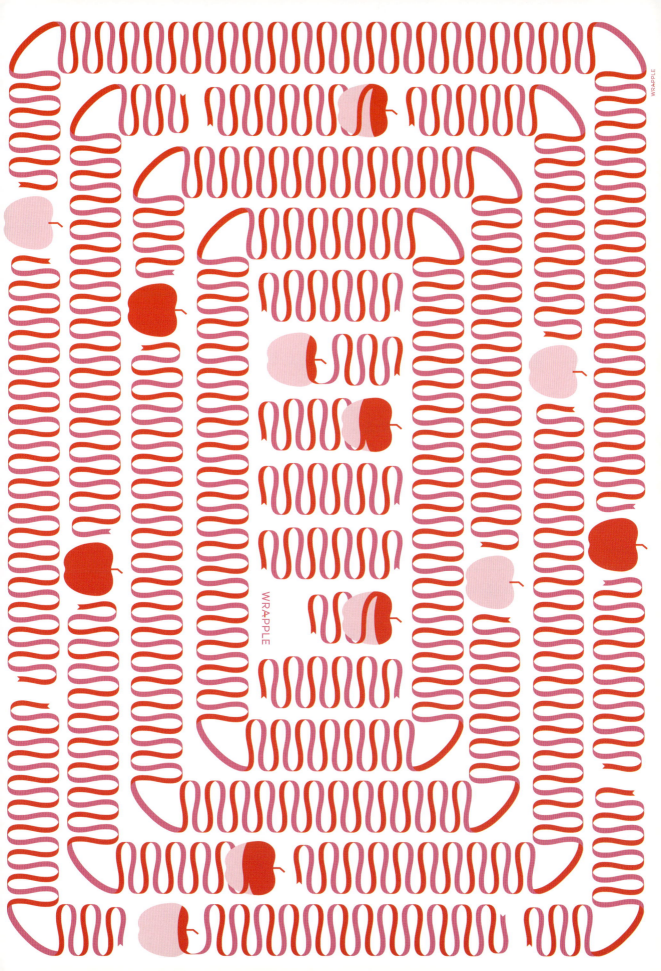

もくじ

はじめに 2

WRAPPLEってどんなお店？ 4

9 Ideas of Party Situations
9つのアイデア・パーティ

1. WEDDING PARTY
包装紙とリボンで作るウエディング・パーティ 10

2. CHRISTMAS DECORATION
身近な場所からクリスマス気分をデコレーション 16

3. NEW YEAR PARTY
お正月は新旧ミックスのお祝い飾り 22

4. BIRTHDAY PARTY
子どもたちと作るカラフル・バースデー・パーティ 26

5. PICNIC ON THE VERANDA
夕暮れのベランダ・ピクニック 32

6. WEEKEND LUNCH PARTY
旅帰りのお土産でウィークエンド・ランチ・パーティ 36

7. HELLOWEEN PARTY
ハロウィンは、どこもかしこもモンスター 40

8. OFFICE PARTY
事務用品でオフィス・パーティ 45

9. DAILY GIFT
ちょっとしたアイデアで楽しい時間が生まれる「日々の贈り物」......52

Column about materials　　材料と道具の準備

ラップルさん おすすめの材料と道具たち 56
材料を探しに行こう！
　〈WRAPPLE探訪〉渋谷パルコ店・福岡パルコ店 59
　〈シモジマ探訪PART1〉シモジマ浅草橋5号館 60
　〈シモジマ探訪PART2〉east side tokyo・シモジマ馬喰横山店 62

How to make it?　　アイテムの作り方

01　紙のロゼット 66
02　ペーパーフラワー（ローズ・デイジー） 67
03　包装紙のご祝儀袋 68
04　紙のカーテン 69
05　紙のミニツリー 70
06　折り紙リース 71
07　結びリボンのリース 72
08　消しゴムはんこでランチョンマット 73
09　メキシコ風のお花 74
10　色画用紙の大きなお花 75
11　ダンボールの秘密基地 76
12　紙皿のどうぶつお面 77
13　フェアリー変身セット 78
14　ガーランドの窓飾り 80
15　葉っぱのうつわ 81
16　切り紙のテーブル飾り 82
17　モンスターピニャータ 83
18　ハロウィンのガーランド 84
19　モンスターリース 85
20　くるくる紙おばけ 86
21　紙袋のくす玉 87
22　プレゼント入りびっくり箱 88

How to wrap it?　　ギフトの包み方

01　ローズリボン 89
02　星の小箱 90
03　風呂敷包み 91
04　鶴のラッピング 92
05　コウモリパッケージ 93
06　包帯ミイラのラッピング 93
07　シャツとネクタイの紙袋 94
08　三角パッケージ 95
09　ハートのバッグ 96
10　雑誌で作るギフトフラワー 97
11　ピーコックラッピング 98
12　薄葉紙の花ラッピング 99

Bonus pages　　おまけの型

01　えびの切り紙飾り 100
02　葉っぱのうつわ 101
03　切り紙のテーブル飾り 102
04　ハロウィンのガーランド
　　（おばけ・がいこつ・くも・こうもり） 103
05　くるくる紙おばけ 107

シモジマ直営店舗
　SHOP DATA 108

おわりに 110

※材料や道具に関する詳細は、56〜57ページに掲載しました。

9 Ideas of Party Situations

ラップルさんと作る
9つのアイデア・パーティ

1
WEDDING PARTY

包装紙とリボンで作る
ウエディング・パーティ

たくさんのリボン、ラッピングペーパーの束、バルーン、紙のポンポン――。
大好きなペーパーアイテムを買い込んだら、こんなウエディング・デコレーションができました。
質感の違うゴールドとホワイトのハーモニーがきれいです。

メニュー表は厚手の画用紙で表紙を作り、プリザーブド・グリーンをとめます。テープに名前を書けば席札になります。テーブルフラワーもかねてダイナミックな演出を。

**グリーンの枝を
ゲストのイメージでセレクト**

**スクラップブッキングの紙で作る
ロゼットつき席次表**

WEDDING PARTY

ロゼットは取り外して使えるので、ちょっとうれしいお土産になります。柄の組み合わせも楽しみながら作ってみて。大きめサイズで華やかに。
詳しい作り方は66ページ

**艶やかな金紙の
ペーパークラウン**

ゴールドの紙をクラウンやティアラの形に。背の高さに変化をつけると、テーブル全体にリズムが生まれます。

こつこつ作ったペーパーフラワーと黒板アートのウエルカムボード

ラッピングペーパーや外国の新聞紙を白い絵の具で塗ってからローズやデイジーの形に。たくさん作ってグルーガンで黒板に取りつけたら出来上がりです。

詳しい作り方は67ページ

シンプルなリングピローはグリーンが引き立て役

ペーパーフラワーとフェイクグリーンで台にボリュームを出したら、パールを縫い止めたリネンのリングピローをのせます。

とっておきの包装紙とリボンでひと味違うご祝儀袋

日頃から大切にとっておいた紙やリボンを使いましょう。スリットにはメッセージカードを添えられます。

詳しい作り方は68ページ

水引を結ぶのはちょっと難しいから、リボンでご縁を結びましょう

リボンは太さや質感をミックスし、シャンパン、ゴールド、プラチナに、ブラックオニキスのカラーで大人っぽく。

しっかりカールをつけたリボンでプチギフトを華やかに

包装紙のしなやかさが美しい壁面デコレーション

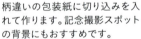

光沢のある白い紙で作ると、きれいよ

柄違いの包装紙に切り込みを入れて作ります。記念撮影スポットの背景にもおすすめです。
詳しい作り方は69ページ

リボンだけで包むバラのようなプチギフト

オーガンジーのリボンをくるくると折り込んだら、ドラジェやマシュマロ、宝石のようなフルーツゼリーを入れて上品に。
詳しい作り方は89ページ

WEDDING PARTY

包装紙で作るガーランドのハーモニー

ゴールドの紙や白地に模様の入った包装紙に切り込みを入れて、ガーランドに。市販の完成品を組み合わせてもいいですね。

無地のサテンゴールド、メタリックゴールドなど、いろんな種類の紙で作ってね

クレヨンの手書きで即席フォトプロップス

黒いカードに、ゲストがそれぞれメッセージを書き込んで、棒をつければ完成です。

2
CHRISTMAS DECORATION

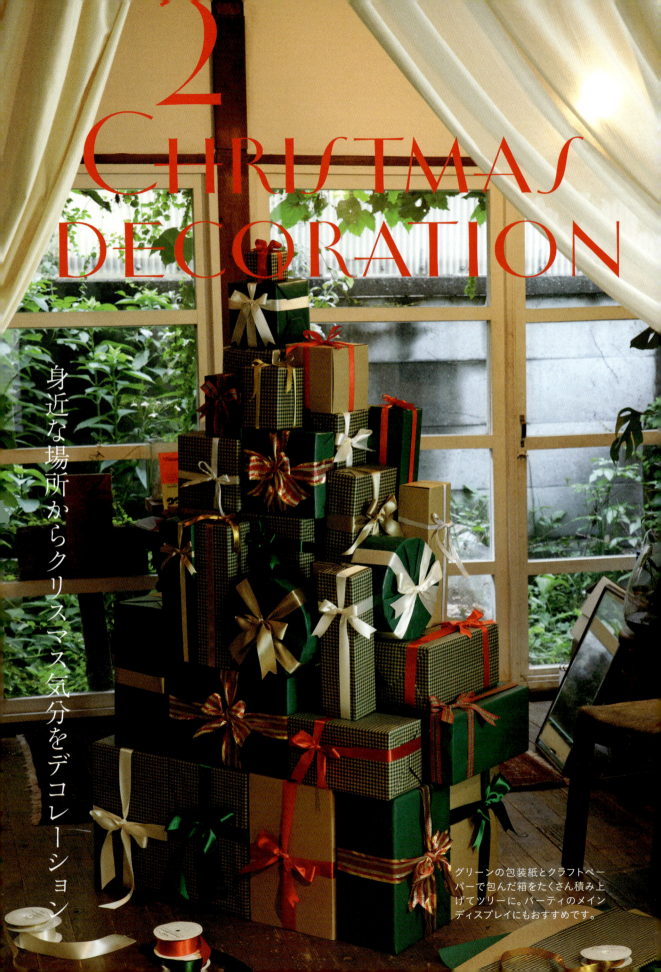

身近な場所からクリスマス気分をデコレーション

グリーンの包装紙とクラフトペーパーで包んだ箱をたくさん積み上げてツリーに。パーティのメインディスプレイにもおすすめです。

クリスマスの飾りは、本気で始めようとするとつい身構えてしまいそうなので、
毎日の暮らしの中で無理なくできることを考えてみました。
リビングの一角、玄関、飾り棚などのスペースを、ちょっとしたアイデアでクリスマスの気分に。
スペースにあわせて、小さくキュッとまとめたものから、
パーティのアクセントになるダイナミックなアイデアまでご紹介します。

10分でできるマスキングテープの壁面ツリー

大きいスペースがなくても大丈夫。カラフルなマスキングテープとギフトフラワーさえあれば、たちまちツリーが出来上がり。

> リビングの壁や、オフィスの入り口、どこにでも作れるわ

アドベント・ツリーで 12月は毎日がプレゼント

ギフトフラワーの流れ星で おうちの壁が 夜空みたいに

真っ赤な小さい紙袋に、1から25までの日付を入れたタグとリボンの持ち手をつけ、ツリーの形に壁に貼ります。袋の中に、キャンディーや、たまに嬉しいおもちゃなど入れておきます。

今年はツリーにオーナメントをつけないで、まわりにリボンで星を描いてみます。建具やスイッチもクリスマスをお祝いしています。

お子さんも12月は毎朝早起きですネ!

小さくても存在感のある折り紙のツリー

ヨーロッパ調の包装紙はクリスマスの演出にぴったりです。テーブルの上に、さりげなく置くだけで十分存在感のあるツリー。
詳しい作り方は70ページ

CHRISTMAS DECORATION

リボンをありったけ結ぶだけでリースに

くるっと円にしたワイヤーにリボンを結びつけて作るリースは、ヒイラギをイメージしたシックな配色で。赤やゴールドをまぜても素敵です。
詳しい作り方は72ページ

エレガンスの秘訣は、シックなゴールドのサテンリボンよ

紙とリボンでできる大人の折り紙リース

繊細な柄と金の刷り色が美しいイタリアの包装紙を使うと上品な仕上がり。家にあるフレームがぴったりサイズだったので、さりげなく重ねました。
詳しい作り方は71ページ

CHRISTMAS DECORATION

ギフトフラワーを
もりもりくっつけて
作るリース

好きな色のギフトフラワーを一袋ずつ用意し、発泡スチロールの土台にグルーガンでたくさんつけます。カラフルなリボンが重なりあって、インパクトもきらめきも抜群。

表と裏で
柄違いの紙なら、
開いたときに
楽しいね

一枚の紙でできる
星のかたちの
ギフトパッケージ

アクセサリーやスイーツなど小さいギフトをお星様でパッケージ。スクラップブッキングの厚手の紙なら、丈夫にできます。
詳しい作り方は 90 ページ

家族同士のクリスマスプレゼントは戸棚にそっと

薄葉紙を細切りにしたタッセルや、丸シールが活躍します。朝食を作ろうとしたら、食器棚にサプライズのプレゼント。

みんなへのプレゼントを積み上げて作るファミリー・ツリー

とっておきのおいしいお茶と、ディナーのお誘いなんてどうかしら？

パパにはワイン、ママには帽子とティータオル、太郎には絵本、犬のジョンにはサボテン。最後に名前を書いた荷札とヒイラギの枝を取りつけます。

お正月は伝統的なお飾りの作法と、軽やかな感覚やポップな材料をミックスして、世代を越えた自由な発想でお支度を楽しみましょう。

ビタミンカラーの水引でしめ飾り

伝統的なあわじ結びにチャレンジ。ライムグリーンできりっと目立たせてみました。

水引は、赤・白・金だけではないのよ。好きな色を探してみて

家にあるモールやギフトパッケージでぽち袋

お年玉袋にモールや丸シール、魚のお醤油入れを組み合わせてもユニークです。うっかり買い忘れたときも、常備の文具で作れます。

簡単消しゴムはんこと
文具シールで年賀状づくり

NEW YEAR PARTY

寿シールや
丸シール、
マスキングテープも
組み合わせて

幾何学パターンで
和柄に仕上げる
ランチョンマット

正方形の消しゴムはんこは
市松模様、細長い三角形は
並べると松葉になります。
詳しい作り方は73ページ

はんこを彫るのは手間だけど、消しゴムを四角や三角にカットするだけなら簡単。シンプルな形の組み合わせで、いろんな模様が作れます。

日本酒やワインのお届けは風呂敷づつみで

ボトルの風呂敷づつみは一度マスターすると便利です。箱のラッピングも鶴のモチーフを取り入れて、お正月らしく。
詳しい作り方は91-92ページ

切って折って作る鏡もちのお飾り

おめでたいエビの飾りも切り紙でできるのよ

伝統的なお飾りを見本にしながら、丸シールや折り紙、クレープ紙をつかって、手作り飾りにチャレンジ。
エビの型紙は100ページ

子どもたちと作るカラフル・バースデー・パーティ

いつものリビングが、色とりどりの画用紙、クラフトテープ、紙テープ、バルーンなどの工作材料で、にぎやかなパーティ会場になりました。あっちもこっちも楽しくて、1日かかっても遊びきれないから、しばらくこのままにしてもいい？ また明日も遊びに来てね。

クレープ紙で作る花は大胆なかたちと色

クレープ紙のコシとしなりが花びらづくりにピッタリです。大胆な色の組み合わせで見たことのない花を作りましょう。
詳しい作り方は75ページ

元気いっぱいメキシコ風の花は薄葉紙を何枚も重ねる

メキシコの太陽をイメージしてエネルギーあふれる色を選ぶのが大事。花びらのように透ける薄葉紙で、思いっきり大きな花を作りましょう。
詳しい作り方は74ページ

バルーンで作る魚はプカプカ浮いて、泳いでいるみたい。図鑑を見ながらカラフルな熱帯魚も作ってみましょう。

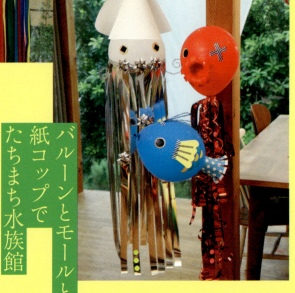

マスキングテープと付箋でかたどるバースデー・エイジ

幅の広いマスキングテープを三角に切って壁に貼り、付箋でバースデー・エイジのフォトコーナーを。間違えてもすぐやり直せます。

バルーンとモールと紙コップでたちまち水族館

BIRTHDAY PARTY

子どもと作れるカラフルなランタン飾り

不思議な異国情緒ただよう提灯飾り。画用紙とマスキングテープ、丸シールの組み合わせでできるので、小さいお子さまとぜひ一緒に。

ダンボールを重ねてできるお城はみんなの秘密基地

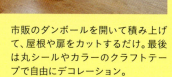

市販のダンボールを開いて積み上げて、屋根や扉をカットするだけ。最後は丸シールやカラーのクラフトテープで自由にデコレーション。

詳しい作り方は76ページ

なんだかネコも気に入ってくれそう

あっというまに妖精に変身できるセット

パステルカラーの不織布とはりがねで、チュチュと羽根と魔法のステッキを作ります。ひらひら飛び回ったら、家中がちびっこの魔法にかかります。

詳しい作り方は78ページ

BIRTHDAY PARTY

食卓の紙皿も工作材料に。動物たちのお面づくり

モール、丸シール、メタルテープ、折り紙なども自在に組み合わせて、動物王国の仲間をどんどん増やしましょう。
詳しい作り方は77ページ

スパンコールを貼るのが楽しい キラキラ・ラッピング

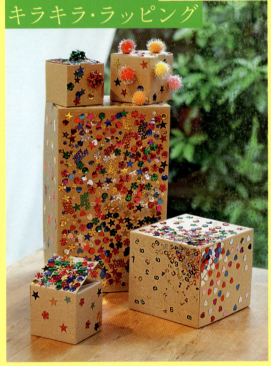

クラフトボックスにボンドを塗り、星のスパンコールや、コンフェッティをパラパラと散りばめます。のりは乾けば透明になるので、どんなふうに貼りつけてもキレイです。

自由なドローイングで世界で一つのラッピングペーパー

広げた大きい紙にクレヨンで、しましま、ぐるぐる、水玉など、どんどん連続模様を描いて、自分だけのラッピングペーパーを作りましょう。

自由な線を楽しむほど、すてきな模様になりますよ

夕暮れのベランダ・ピクニック

秋晴れの昼下がりに、みんなで支度。こっちタルチョ作る人、
そっちカレー作る人、あっちはテーブルクロスを描く人。
お客さまにもちょっと手伝ってもらいながら、パーティがいつのまにか始まりました。
たのしくおしゃべりしていたら、夕暮れに。
ランタンに明かりをつけたら、お待ちかねのマジックアワーです。

思いっきり広げたクラフト紙に クレヨンで描くテーブルクロス

食品包材もクラフト素材で揃え、マスキングテープを貼って出来上がり。模様は思いつくままでOK。勢いよく大胆に描くほうがうまくいきます。

紙コップが変身! ピクニック・ランタン

昼間はいろんな紙コップの柄を楽しんだら、夕暮れ時にはイルミネーションライトのスイッチを入れましょう。ほんのり可愛い明かりを灯してロマンチックに。

Picnic on the veranda

紙ナフキンでもできる思い思いの切り紙タルチョ

お肉や誰かの顔みたいな、いろんなアイデアを形に。透ける薄葉紙なら、夕暮れや木々の色になじみます。

ポップコーンケースと黒板風のスナックコーナー

包装紙やボトルの首に結んだカードは黒板みたいに黒で統一。
白いクレヨンで、テイストやドリンクの種類を書き込みます。

お菓子を持ってきた人がメッセージを書いてもすてき

おみやげセットはその場で包んでメッセージを即興

余ってしまった食べ物も透明の袋にパッケージして、ありがとうのメッセージとともに、最後にみなさんに渡します。

仲間との長い旅行から帰ってきたら、
お土産の雑貨やスパイス、お菓子に、思い出写真も持ち寄って、
週末のランチ・パーティです。
旅の戦利品をテーブルセッティングや
壁面デコレーションにしてみましょう。

旅先で見つけた孔雀のピックでエキゾチックなテーブルアクセント

スーパーで買った雑貨はパッケージが主役

旅先で心惹かれた日用雑貨はここが出番。たくさんのピックを半球型の発泡スチロールに挿して、お花を飾るかわりに、こんなデコレーションができました。

外国のスーパーで見つけたデイリー雑貨は、かわいいパッケージを活かしましょう。ワンタッチで花型になるフラワーリボンでギフトらしく。

ついつい買ってしまったオブジェも、テーブル飾りにしましょう

壁の余白にもマスキングテープで模様を描いてね

ガーランドの窓飾りで一気にパーティムード

しっかりとしたコシのあるクレープ紙なら、きれいな曲線を保てます。カーテンの色にあわせて空間の一体感を。
詳しい作り方は80ページ

旅の思い出を壁にコラージュ

現地で使ったマップやチケット、カフェのコースター、拾ったフライヤー、旅先の写真、旅仲間がそれぞれ見つけた自慢のペーパーアイテムや、記念写真を貼って報告会です。

WEEKEND LUNCH PARTY

グリーンの画用紙で作る葉っぱのうつわ

折り目や切り方を変えるだけで、いろんな葉っぱが作れます。

詳しい作り方は81ページ

バナナリーフの形なら、南国風になりますよ

切り紙細工を重ねたらプラスチックのお皿もたのしく

切り紙は、お土産屋さんでもらったラッピングペーパーで作っても素敵です。カトラリーはスパイスとあわせてコーディネート。

詳しい作り方は82ページ

学校や地域のパーティルームをかりて、
きょうは1日オバケづくりのワークショップ。
紙袋、段ボール箱、リボンに画用紙で、
子どもも大人も、新しいオバケを発明します。

あっちこっち目玉をつけたら、なんでもモンスターになりました

紙袋を重ねてできる モンスター・ピニャータ

空き瓶にサイリウムを入れて 道案内のモンスター

ちょっと薄暗い入り口の廊下やエントランスエリアで活躍します。

メキシコの伝統的な飾り「ピニャータ」をアレンジ。ベロをひっぱるとキャンディーが出てきます！
詳しい作り方は83ページ

いろんな ハロウィンのモチーフを 重ねづけ

ガイコツ、オバケ、スパイダー、コウモリ型のガーランドで、お部屋はすっかりハロウィン気分です。
詳しい作り方は84ページ

HALLOWEEN PARTY

ワンタッチリボンをありったけ結んだモンスター・リース

ブルー、パープル、ブラックのワンタッチリボンを、発泡スチロールの土台に結びます。目玉と歯をつけたら出来上がり。
詳しい作り方は85ページ

家にある紙袋をひっくり返したらオバケが登場

目の位置に小さい穴をあけ、紙やシールで顔を作ったらオバケのお面の出来上がり。きょうの洋服にあわせてコーディネートして、記念撮影パチリ。

HALLOWEEN PARTY

白いリボンで
ぐるぐる巻きの
包帯ミイラ風プレゼント

白いリボンやオーガンジーテープで円柱状のパッケージをぐるぐるラッピング。目玉をつければハロウィン・ギフトの出来上がり。

詳しい作り方は93ページ

ギフトボックスに
羽と目をつけるだけの
コウモリ・ラッピング

黒いギフトパッケージに、紙で作ったコウモリの羽をくっつけて、目玉をシールでつけたら出来上がり。
詳しい作り方は93ページ

天井からつるす
オバケのくるくる
デコレーション

テグスでつるせば、おばけがくるくる回って飛んでいるみたい。
詳しい作り方は86ページ

昇進祝いや設立記念、プロジェクトの決起会など、
オフィスで用意できる文具を使って、サプライズを演出しましょう。

会議のふりして部屋を借りて、何も知らず入ってきた部長さんを驚かせましょう

プレゼントに風船をつけて入れれば簡単びっくり箱

シンプルなボール紙の箱に丸シールとマスキングテープでデコレーション。ヘリウムを入れた風船の重りには、缶ビールがちょうど良さそう。蓋を閉じたら出来上がり。

詳しい作り方は88ページ

吹き出しやハート型のPOPカードで寄せ書きラッピング

いろんな形のカードにみんなに一言書いてもらいます。一つ一つ両面テープで大きい紙袋に貼り、中にプレゼントを入れれば完成です。

シンプルな紙コップや紙皿をテープと丸シールで飾る

オフィスでの集まりなら、クールなトーンが合いそうです。

Office party

上司や同僚へのプレゼントはシャツにネクタイで折り目正しく

紙袋をシャツの形にして、リボンをネクタイ結びにします。リボンと袋の組み合わせでけっこう悩みます。どのシャツを誰に渡そうかしら。

詳しい作り方は94ページ

事務用品フル活用のワインボトル・ラッピング

ワインはプレゼントの定番。さっと包んで、オフィスの文具をかき集めてデコレーション。みんなでひとこと書き込んでもいいですね。

紙袋の底を開いてできる即席くす玉

紙袋に、出力用紙や付箋でデコレーション。袋の底のひもを引っ張ると、メタルテープや紙テープが出てきます。

詳しい作り方は87ページ

家族や友だち、仕事の仲間、気になるあの人へ。
贈り物をしたくなるのは、特別な日だけではありません。
日々のやりとりの中で、さりげなくプレゼントを贈りましょう。
ユーモアのスパイスや、ちょっとしたアイデアを忘れずに。

荷札をミニ一筆箋にして さりげなくアリガトウ

荷札や豆札にひとことメッセージを書いて、シンプルな袋でラッピング。借りたものをお返ししたり、一言さりげなく添えたいときに。

小袋で作る カジュアルな三角ラッピング

簡単なのでどんどん作れます。職場の同僚やクラスメイトへのプレゼントを一気にたくさんラッピングするのにもおすすめです。
詳しい作り方は95ページ

仕上げのリボンは気を抜かず、丁寧にね

クラフト紙に絵を描いて 好きなフルーツがラッピングに

クレヨンで模様を描いたらそのままラッピングペーパーに。手描きのタッチがいい味を出します。

二種類の紙を組み合わせて あなた色のハートバッグ

無地の赤い紙とクラフトペーパー、シルバーとブルーなど、色の組み合わせやサイズによって雰囲気も変わります。
詳しい作り方は96ページ

> 懐かしい模様のハートはバレンタインにもつかえるね

彼の好きそうな 漫画や雑誌を ギフトフラワーに

いらなくなった雑誌の山から探しだしてギフトフラワーに。この一手間気づいてくれるかな？
詳しい作り方は97ページ

DAILY GIFT

きらりとテクニックが光る ピーコックラッピング

くじゃくの羽のようにトップの部分を蛇腹にして広げるピーコックラッピング。紙とリボンの組み合わせを楽しんで。
詳しい作り方は98ページ

同系色の カーリングリボンで 小箱もポップにラッピング

プレゼントラッピングといえば、やっぱりこれ。お菓子や小物のパッケージにリボンだけ取りつけても十分です。

DAILY GIFT

造花の枝がハンドル代わりのラッピング

大胆な造花でロマンチックになりすぎないように。バレンタインにチョコレートを入れて渡すのにもピッタリ。

ラベンダーの香りとともにラッピング

書斎やクローゼットでしばらく香りも楽しめそう

ドライラベンダーで小さいブーケを作り、オーガンジーの巾着に小粒でリッチなチョコレートやカフスリンクスを入れます。

薄葉紙のお花と
ラッピングが
ひとつながりの
エレガントギフト

薄葉紙とリボンは、大人っぽい色のコンビネーションでふんわり包みましょう。
詳しい作り方は99ページ

蝋引きの紙袋と
レースペーパーは
ロマンチックの定番

手作りクッキーのプレゼントや、女子同士の贈り物には欠かせない材料。大きいレースペーパーだけで包んでも素敵。

困ったときは
ギフトフラワー。
とにかくたくさん貼るだけ

プレーンな紙袋やボックスも、ペタペタと貼るだけで、とたんにギフトに大変身。はさみもテープも要りません。

透明の窓つき紙袋は
アイデア次第で
いろいろ遊べる

DAILY GIFT

形のきれいなプロダクトは思い切ってそのまま入れて。サイリウムは同僚がデスクに戻る時間を調べてから入れましょう。

丸シールは色やサイズも数種類買っておくと便利です。普段の文具としてはもちろん、ラッピングにも大活躍。なんでも水玉模様にしてしまいます。

カラーのクラフトテープで飾る宅配便ラッピング

届いた瞬間からたのしくなる！

ダンボール箱で送る宅配便での贈り物も、ビビッドな色の組み合わせでたのしくラッピング。

キッチンのチャックつきビニール袋もプレゼントパッケージに変身

タッパーやビニール袋もデコレーション次第でプレゼントに。食べ物のおすそ分けはもちろん、日々のさりげない贈り物にも。

丸シールがあればラッピングも大助かり

借りっぱなしの100円ライター、まとめ買いしたキッチンたわしのおすそ分けなど。ユーモアと日頃の感謝の気持ちも込めて。

スマホに撮りためた写真もたまにはラッピングに使ってみる

ラップルさんおすすめの材料と道具たち

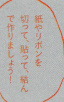

紙やリボンを切って、貼って、結んで作りましょう!

切る

はさみ

ペーパーアイテムを美しく仕上げるには、切れ味が重要。刃が小さく先の尖ったタイプがおすすめです。ギザギザやナミナミにカットできるピンキングばさみはラッピングやカードの味つけに。

カッター

小さなものや直線のカットにはカッターが便利です。刃が30度のタイプは特に細かくカットできます。カッターの相棒、カッティングマットと金属製の定規も用意しましょう。

花や動物、いろんな形の穴あけパンチもおすすめ

貼る

両面テープ

紙と紙を貼り合わせるときは、両面テープを使います。5mm巾と10mm巾の2種類を用意しましょう。作ったアイテムを壁に貼るときは、強力な布両面テープがおすすめ。

丸シール

シールの王様は、なんといっても丸シール。貼るだけで、どんな物もドット柄にしてしまう必殺アイテム。色もサイズも豊富なので、大好きな色は常備したいくらい。

マスキングテープ

貼ってはがせて、柄も可愛い!テープ界の人気者。幅の広い100mmから200mmのマスキングテープは、壁や家具にペタペタ貼って、部屋のデコレーションに使います。ラップルオリジナルの柄もあるよ!

グルーガン

スティック状の樹脂を熱で溶かして接着させる道具。樹脂はすぐに冷めて固まるので、短時間で接着できます。プラスチックや金属を貼るときも重宝します。

結ぶ

ワンタッチリボン
リボンの中心に入っている細い紐を引くだけで、簡単にお花型がつくれる画期的なリボン。これさえあれば、どんなプレゼントも豪華に結べます。

モール＆タイ
ワイヤーの入ったモールと平らなタイ。12cmと24cmの2つの長さがあります。カラフル、ラメ、金銀、オーロラ、和紙など種類も豊富。袋の口を結ぶ以外にパーティのデコレーションにも大活躍。

ギフトフラワー
花形にできあがったリボンは、粘着テープ付きなので貼るだけでOK。世界一、簡単でかわいいリボンです。いろんな色やサイズを集めてひたすら貼りつける"鬼づけ"ラッピングもひとつのワザ。

ギフトフラワーは常備しておきたいわ

紙

包装紙
豊富な柄と、折ったり包んだりするのにちょうど良い厚さが魅力。ラッピングだけでなく、折り紙の手法を取り入れたツリーやリースも作れます。紙の大きさを活かして壁飾りやガーランドの材料にも。

クラフト紙
丈夫で破れにくい万能な紙。薄口と厚口があり、カットとロールの両方で売られています。カット紙は、封筒や便せん、ランチョンマットに。大きなロール紙はテーブルクロスに。

クレープ紙
シワ加工された伸縮性のある紙。色違いの紙を張り合わせたダブルと1枚だけのシングルの2種類があります。独特のコシと柔らかさを活かし、ギフトやブーケのラッピングに大活躍。

スクラップブッキングペーパー
写真や雑誌の切り抜きをレイアウトするための、模様のある厚紙。表裏で柄が違うので、2つ折りのカードや箱づくりに。エンボスやグリッターなど特殊な紙質も魅力的です。

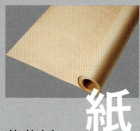

不織布
繊維を織らずに絡み合わせたシート状の布。通常の布よりも薄くハリがあり、ラッピングはもちろん、テーブルクロスや部屋を装飾するときにも大活躍。色数も柄も豊富です。

薄葉紙
商品保護のインナーラップとして作られた、薄く柔らかい包装紙。バリエーションが豊富なので、好きな色や柄を何枚も重ねて、ラッピングや紙花づくりに活用しましょう。

フラワーラップメタリック
表と裏がツートンカラー。光沢があるので、これでラッピングするとゴージャスなプレゼントに！ロールで手に入るので、長く豪華なガーランドを作るのにも最適です。

POPカード
お店で商品の値段や推薦コメントを書くPOPカードですが、プレゼントに添えるカードやパーティの演出にも使ってみましょう。思い切ってド派手なカードを選ぶと、テンションがあがります。

材料を探しに行こう！

WRAPPLE探訪

☞ 渋谷パルコ店・福岡パルコ店

たのしいアイデアや道具の知識をたくわえたところで、パーティの材料探しに出かけましょう。ここでは、わたしがWRAPPLEのお店をナビゲート。この本に登場するアイデア・パーティの材料だけでなく、「こんなものも作れるかも？」と、素敵なひらめきをいくつも見つけてみましょう。

種類の多さにびっくり！

輸入包装紙は、ユニークで魅力的な模様が勢揃い。ラッピングはもちろん、お部屋のデコレーションやカード作りにぴったり。

ナチュラルなクラフト紙のボックスや、ハートの形の透明ケース、リボンを結ぶだけで綺麗に仕上がる色とりどりの箱もあります。

ここでしか買えないオリジナルのマスキングテープがファンにはたまりません。インテリア用の幅広タイプもあわせてついついまとめ買い。

デコパッチはカラフルなペーパーをちぎって組み合わせ、専用のオブジェや日用品に貼って楽しむ人気のアイテム。ラメ入りのりはマストバイ！

日々、お店ではワークショップが開かれます。店頭で材料をゲットして、参加してみました。造花とスクラップブッキング用紙でできるコサージュができました！

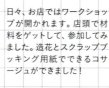

こんなにかわいいコサージュが簡単にできました！

58-59

シモジマ探訪 PART 1

☞ **浅草橋5号館**

8階建ての店舗は、まるでデパートのよう！ 包装材料や文房具など、装飾やクラフトの材料がなんでも揃います。おすすめは一番上の階から順番に下りてくる買い物コース。

WRAPPLEを作ったのが、梱包材の老舗メーカー「シモジマ」であることはお話しました。そのシモジマには、全国各地に直営店があります。中でも、旗艦店の浅草橋5号館は、最も品揃えがよく、信頼の厚いお店です。このページでは、WRAPPLE開店時のクリエイティブ・ディレクターである金森さんと店舗設計の安藤さん（ふたりとも生粋のシモジマファン）にお店を案内してもらいます。

8F

> 書類を送る時の一筆箋、これでもいいかしら

最上階は、レジスターや金庫など、お店づくりの備品や装飾品のフロア。商品の陳列に欠かせないPOPカードは、普段のメモやひとことメッセージカードにも使えそう。

> 蛍光色のパクハッカードはパーティ向きだね！

7F

箱とテープのフロア。丸い箱、透明の箱、食品用の箱、段ボール箱など、プレゼントの形やサイズに合せて必ずお目当ての箱を見つけることができます。

> まとめ買いしておこう！

> こども部屋のガーランドにぴったり！

テープのコーナーも必見。クラフトテープやキラキラのフィルムテープ、ビニール紐や麻紐など、好きな色や素材を見つけましょう。

> 一家に一巻き！

ラッピングやD.I.Y.に便利なクラフト紙も7階に。ロールとカットのいろんなサイズから選べます。

6F

ビニール袋と花を包む資材のフロア。おすすめは、不織布とクレープ紙。色や柄、種類のバリエーションがなんと100種類以上！ ロールの不織布は、テーブルクロスにもなって、部屋を装飾する時のマストアイテム。何色にしようかな？ いつも迷ってしまう場所。

いよいよ浅草橋5号館の本丸！ 5階です。包装紙、リボン、ギフトシール、紙袋、和紙、水引、のし紙…と、どんなシーンの贈り物もおまかせあれ。圧倒的な量の包装紙とリボンに、わくわく興奮！ 材料探しに没頭して、つい時間を忘れてしまう魅惑のフロアです。

私たちイチ押しのワンタッチリボンとギフトフラワーも5階にあるよ！

5F

シモジマオリジナルのフルーツ柄は、たまらない可愛さ！

包装紙と和紙のコーナー。こどもの頃からなじみのある懐かしい柄があれもこれも！ エレガントな絵柄の輸入包装紙も揃っています。

水引って、こんなにいろんな色があるんだ〜。蛍光色もかわいい！

売り場に掲示されたリボンのサンプルボードで、色や質感をチェック！

4F

5階の興奮覚めやらぬまま、4階へ。OA用品や封筒、食品包材、日用品のフロア。紙皿や紙コップ、ストロー、割り箸、レースペーパーはパーティの必需品。ドット柄のプラコップや万国旗の爪楊枝…あれもこれも欲しくなってしまうフロア。

3F

ファイル、文房具、伝票のフロア。ここで見逃してはいけないアイテムが、「丸シール」。最近はクラフト紙で作ったものや蛍光色など、ますます充実しています。

パーティの準備をするなら、風船やサイリウムを忘れずに！

2F

学童用品、ファンシー文具、食料品、パーティー用品のフロアです。ここは、折り紙や色画用紙、スケッチブックなどの工作材料の他にも、一見子供向けだけど、パーティ・デコレーションに面白く使えるのでは？ と、掘り出し物を見つけるのが楽しい。

1F

すでに買い物かごがいっぱいに…。季節の商品が並ぶ1階で、最後にもうひとつ、週末のパーティに備えてお気に入りを見つけましょう。シモジマ探訪の旅は、次のお店へ続きます。

シモジマ探訪 PART 2

☞ **east side tokyo**

手芸やクラフト用品・造花を探すなら、east side tokyoへ。

おもに造花や花器を扱うコーナー。ドライフラワー、プリザーブドフラワー、木の枝や実など、天然素材も豊富です。フラワーアレンジに詳しい店員さんにアドバイスをもらうのも、いいですね。

> ワークショップも毎日のようにやってるよ！

> スタンプやクラフトパンチはいくつあっても足りない！

クラフトパンチ、マスキングテープ、スタンプ、レース、粘土など、手づくりを楽しむためのツールや材料を探しましょう。ガーランドやペーパーポンポンなど、完成品のデコレーショングッズも揃っているので、手軽にパーティーの飾りつけをしたい時にも必見。

結婚式、誕生日、記念日など大切な日を楽しくお祝いするグッズも揃います。ハートやイニシャルのオブジェ、フラワーシャワー用の花びら、しましまのストローに、カラフルな針金と、風船用ヘリウムガス…。パーティを盛り上げる演出も、ここでひらめく！？

自分好みのアイテムを見つけ出すのは、まるで宝探し！

馬喰横山店

ちょっと足をのばして、シモジマ1号店の馬喰横山店を訪ねてみました。5階建ての店舗には、浅草橋5号館をひと回りコンパクトにしたようなラインナップ。服飾問屋が多いこの町ならではの、和服販売用の商品が揃います。着物の反物用の値札である「呉服札」もそのひとつ。

こんなに大きなクラフトパンチもあります

伝統を感じる値札を発見！

※2015年12月現在の情報です　※取り扱い商品は変更になる場合がございます

How to make it and wrap it?

ラップルさんにまなぶ
アイテムの作り方とギフトの包み方

アイテム 01
紙のロゼット

用意するもの（直径13cmで作る場合）:
- 包装紙2種類（60cm×6cmと60cm×5cm）
- プレート用の厚紙（直径7cmの円）
- リボン数種類
- はさみ
- のり
- グルーガンか木工用ボンド

1
帯状にカットした包装紙2種類を重ね、のりで貼り合わせる

2
約1cm幅で蛇腹に折り、両端は山折りで終わるようにする

3
円を描くように丸め、2の山折り同士をのりで貼り合わせる

4
プレートにクレヨンでメッセージを書き、3の中心にグルーガンで接着する

5
裏側に好みのリボンをグルーガンで接着する

アイテム 02
ペーパーフラワー

用意するもの：
・包装紙や英字新聞
・はさみ
・のり

○ローズ

15cm角の正方形の紙を3枚重ねて置く

一番上の紙に右巻きのうずまきを描く。この時、滑らかな線ではなく、うねりのある線で描くのがポイント

2の線に沿って、3枚を同時に切る

蛇のような細長い紙ができたら、端からくるくると丸めていく。巻きはじめは、なるべく細かく丸めるとよい

5
バラの花に見えるように形を整えて、巻き終わりをのりでとめたら完成

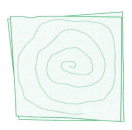

○デイジー

15cm×10cmの紙の短辺を半分に折りたたむ

折り目のほうから、2mmぐらいの幅で、上部が1cm残るように切り込みを入れる

切り込みを入れ終えたら、端からくるくると丸めて、巻き終わりをのりでとめる

花びら部分を外側に開いて、形を整えたら完成

アイテム 03
包装紙のご祝儀袋

用意するもの：
- 市販の封筒（長形4号）
- 包装紙1（内紙 29cm×52cm）
- 包装紙2（外紙 26cm×52cm）
- リボン（ワンタッチリボンなど）
- 両面テープ
- はさみ

1
内紙は、①右端から5.5cm、②左端から6.5cm、③さらに左端から6.5cmを折る

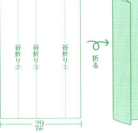

2
外紙は、①右端から3cm、②左端から3cm、③さらに右端から5cm、④左端から4.5cmを折る

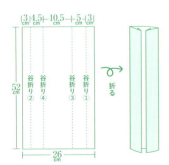

3
1と2を重ねる。内紙が右側は5mm、左側は2cm外に出る

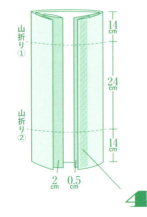

4
外紙の右端だけを両面テープでとめる

5
内袋を4で包み、上下からそれぞれ14cmを山折りにする

6
好きなリボンをかけて真ん中で結ぶ（3本など奇数で結ぶと縁起がよい）

●ポイント
内袋は市販のものを使い、ご祝儀袋はそれより一回り大きくなるように作りましょう。通常のご祝儀袋より細長く作ると、エレガントな印象を与えます

アイテム 04
紙のカーテン

用意するもの：
- 包装紙 3、4 種類
- カッター
- 両面テープ
- 布両面テープ（壁に貼る用）

○パターンA（上段）

1 包装紙の上辺の裏面に両面テープを貼っておく

2 上下を5cmずつ残して、カッターで5cm幅の切れ目を入れる

3 上下の両端を持ってゆるやかに半分にたたみ、1の両面テープで貼り合わせる

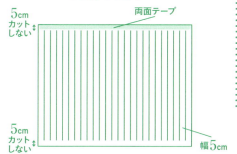
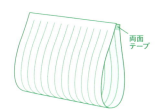

○パターンB（中段）

1 包装紙の上部を10cm残して、15cm幅で切る。余白部分は切り落とす

2 裏面の下辺に、短冊ごと両面テープを貼る。上辺から10cm／20cmを交互に測って、線をひく

3 短冊の端を2の線に合わせて貼り、ゆるやかな輪になるようにする

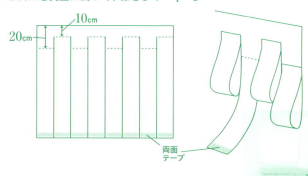

○パターンC（下段）

1 包装紙の上部を10cm残して、5cm幅の切れ目を入れたら、それぞれの短冊に階段状に両面テープを貼る

2 それぞれの両面テープから10cm下に線をひき、斜線部分を切り落とす

3 短冊を一枚ずつ、端をくるっと丸めて1の両面テープに貼る

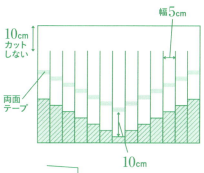

壁に貼るときには、パターンC・B・Aの順に下から布両面テープを使って、貼ります。壁に直接貼れない場合は、ベニヤ板に隙間なく貼り、壁に設置しましょう

用意するもの：
・包装紙
・はさみ

 1
包装紙を50cm角の正方形に切る（ツリーの高さを25cmにする場合）

 2
半分の三角形に2度折り、鶴を作るときと同じ要領で内側を広げて開き、正方形を作る

 3
内側を開いて4面で三角形を作る

 4
端を切り落とし、二等辺三角形にする

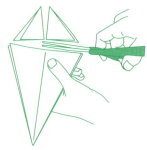

 5
両端にはさみで切り込みを入れ、上の角を折っていく

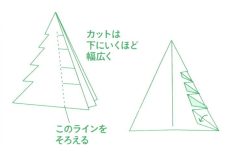

カットは下にいくほど幅広く

このラインをそろえる

 6
紙を立てて置き、それぞれの面を開いたら完成

アイテム 05
紙のミニツリー

アイテム 06
折り紙リース

用意するもの
（直径36cmのリースを作る場合）：
・包装紙（半才）5枚
・サテンリボン
・はさみ
・両面テープ

包装紙1枚を縦半分と横半分に切り、20枚の紙を用意する

1の長辺を半分に折る

2の長辺を半分に折り、さらに図のように開く。裏面も同じように開く

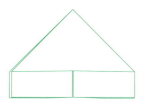

両端の角を2枚まとめて三角に折る

手前を折り、三角形を完成させる

真ん中で半分に折る

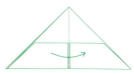

1〜6の手順を繰り返し、同じ三角形を20個作る

短い辺の袋状になった部分に、隣につける別の三角形を入れこみ、20個を連結させて円にする

三角形それぞれは両面テープでとめて固定すると、崩れにくい

10

円の上部に好きなリボンを巻いて、結んだら完成

アイテム 07
結びリボンのリース

用意するもの：
・土台用のワイヤー
・リボン2、3色（コシのあるシングルサテンやダブルサテンがおすすめ）
・はさみ
・ガムテープ

1
ワイヤーで、作りたいリースのサイズの円を作る。三重に円を重ねて、先端部分は、ガムテープでまとめる（外から見えても良い色のテープを選ぶとよい）

2
リボンの端を斜めに切り、適量用意しておく

3
1にリボンを2回固結びしてくくりつける。2〜3の作業を、ワイヤーが見えなくなるまで繰り返し、好みのボリュームが出るまでくくりつけていく

4
リースを飾る向きを決めて、上部に長めに切ったリボンを結び、上の部分でもう一度結んで輪を作り、壁にかけたら完成

アイテム 08
消しゴムはんこで ランチョンマット

用意するもの：
- 消しゴム（はんこ用のはがきサイズがおすすめ）
- カッター
- ランチョンマット用の和紙
- 型紙（ランチョンマットと同じサイズのコピー用紙など）
- マスキングテープ
- 水溶性・顔料系インクパッド

1
一円玉やボタンなど、ちょうどよいサイズのものを型にして、消しゴムに模様を描く（フリーハンドで好きなかたちを描いてもよい）

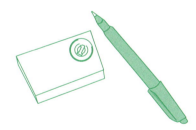

2
カッターで形を切り抜く。多少びつな形になっても、インクをつけて押してみると、よい風合いになるので、滑らかな形を目指さなくてもよい。丸、三角、四角など自由なかたちでいくつかはんこを作る

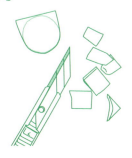

3
型紙にはんこをプリントしたい部分を描き、カッターでくり抜く

★マグカップやお椀を紙の上において、輪郭をなぞると簡単！

★フリーハンドで雲形の型も作ってみましょう

4
ランチョンマット用の和紙に、3の型紙をマスキングテープで貼る

5
型紙の切り抜かれた部分にはんこを押していく

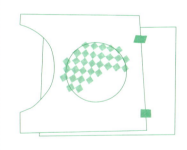

★市松模様の円を作るコツ

① 円の真ん中に線を引く（はんこのインクと同系色の色えんぴつを使うとよい）。

② ①の線に沿って、1cm角の正方形のはんこを市松模様になるように交互に押し、1列ずつ仕上げていく。円が埋まれば完成

●ポイント

絵がうまく描けなくても、丸や三角など単純なかたちの組み合わせでかわいく仕上がります。ぽち袋・年賀状・箸置きなどに応用しましょう

アイテム 09
メキシコ風のお花

用意するもの：
・薄葉紙5色 各色4枚ずつ（50cm×50cm）
・麻ひも
・はさみ

1
薄葉紙を1色につき4枚ずつ重ねて、3cm幅の蛇腹に折る

2
棒状になった薄葉紙の端をそれぞれ長さに差をつけて山型にカットする

3
すべて開いて大きい順に重ね、折り目に沿ってもう一度蛇腹に折る

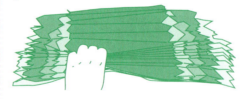

4
中心を麻ひもで束ねる

5
一枚ずつ内側に立たせたら完成

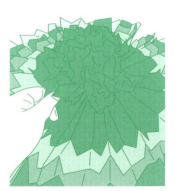

アイテム 10
色画用紙の大きなお花

用意するもの（直径30cmで作る場合）:
・色画用紙1色（A4サイズ7枚）
・クレープ紙2,3色（A4サイズ8枚）
・はさみ　・のり　・グルーガンか木工用ボンド
・裏に貼る厚紙

まず、外側の花びらを作る。A4サイズの色画用紙を縦半分に折り、開くと細長いハートのような花びら型になるように切る。これを4枚作る

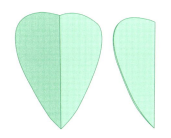

2
クレープ紙を用意し、1より一回り小さくなるように花びら型に切る。これも4枚作る

3
2を1に重ねる。花びらの細く尖った根元の部分だけ、のりで貼る

花びらの根元から5cmほど切れ目を入れる

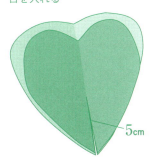

花びらを外に開くイメージで反らせる。切れ目の部分を交互に重ねあわせ、のりでとめる。これを4枚分作る

6
内側の花びらを、1〜5と同じ要領で、一回り小さいサイズで3枚作る

内側の花びら3枚を、咲いている花をイメージし、根元の三角形の部分を重ねあわせて、グルーガンでとめる

外側の花びら4枚を、7のまわりにつける。内側の花びらと位置をずらしながら、グルーガンで貼る

雄しべは、クレープ紙を使ってペーパーフラワー（P.67のデイジー参照）を作り、真ん中に入れて貼りつける

花の裏の中心に正方形に切った厚紙を貼り、形を整えたら完成

アイテム 11
ダンボールの秘密基地

用意するもの：
- ダンボールケース2枚（長辺60cm×幅34cm×高さ53cm）
- ダンボール用カッターかはさみ
- 両面テープ
- クラフトテープ
- 装飾用の丸シールやマスキングテープ

1
下段を作る。ダンボールを1枚開いたら、図の斜線部をカットして取り除く

2
A面の実線（——）をカットし、一点鎖線（-・-）には内側から切り込みを入れる

3
上段を作る。もう1枚のダンボールは、開いたら、A面を正面から見て家の形に切り取り、図の斜線部をカットして取り除く

4
下段の★印の部分を上段の内側に差し込み、両面テープで貼りつけて合体させる。底は閉じてクラフトテープで固定する

5
B面も外側からクラフトテープで上下をつなぎ合わせて、頑丈に固定する

6
クラフトテープや丸シールで外側を好きな模様に飾りつけたら完成

●ポイント
屋根の形をギザギザにして、お城も作ってみましょう

アイテム 12
紙皿のどうぶつお面

用意するもの：
- 紙皿
- 丸シール
- ゴムひも
- メタリックテープ（幅5cm）
- ラメのモール
- 色画用紙
- 色鉛筆かクレヨン
- カッター
- 両面テープか木工用ボンド
- ホチキス

紙皿の裏面を顔に見立て、目の位置に丸シールを貼り、内側をカッターでくり抜く

耳の高さに穴をあけ、頭のサイズに合わせた長さのゴムひもを通して結ぶ

紙皿のふちを色鉛筆で塗る

メタリックテープを長さ20cmでカットし、端同士を揃えてホチキスでとめたら紙皿の表面に両面テープで一周貼り、ライオンのたてがみを作る

色画用紙や丸シール、モールを使って顔のパーツをつけたら完成

アイテム 13
フェアリー変身セット

○羽根

用意するもの：
- ワイヤー 1m（おすすめは「自遊自在」という種類の太さ3.2mm）
- 不織布2、3色
- 肩掛け用のリボン　・装飾用のリボン2、3種類
- ワンタッチリボン　・両面テープ　・スパンコール

1
作りたい羽根の大きさを決めて、ワイヤーで骨組みを作る

2
不織布を縦半分に折って二重にし、折り目を羽根の中心としてカットする。これが上の羽根となる

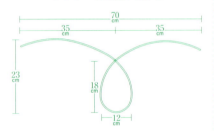

3
下の羽根を上の羽根より一回り大きくなるように、同じ要領で作る

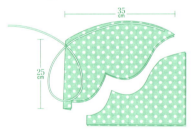

4
2と3をそれぞれ開いて、上辺を両面テープで貼り合わせる

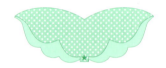

5
下の羽根の上辺を両面テープでワイヤーに巻き込むように貼る（貼りにくい場合はハサミで切り込みを入れながら）。ただし、ワイヤーの交差付近は両側1cmほど貼らずにあけておく

6
ワイヤーの中心2カ所に肩ひもとなるリボンをくくりつける

7
羽根の下部の★部分（図4）を両面テープでワイヤーに巻きつけて固定する

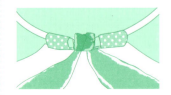

8
リボン3種類をワイヤーの輪に結びつけて装飾する

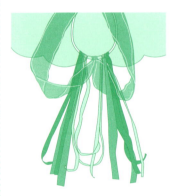

9
別の不織布を羽根型にカットし、中心にワンタッチリボンをつけ、ワイヤーの交差部分に装着する

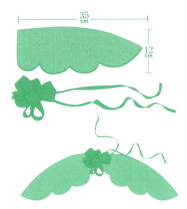

10
スパンコールなどで自由に装飾したら完成

○スカート

用意するもの：
- 不織布2、3色
- ウエスト用のリボン（ウエストの2倍の長さ）
- 装飾用のリボン2、3種類
- はさみかカッター

1
不織布をカットして、作りたいスカート丈の2倍の長さで、幅10cmの短冊を24本作る

2
短冊を半分に折り、先端をカットする

3
2を開いて真ん中の折り目にウエスト用のリボンを結ぶ

4
指1本くらいのスペースをあけながら、3の手順を腰に回る分まで繰り返す

5
短冊の間にリボンを好みの量結ぶ

6
ウエスト用のリボンの端を好みの長さでカットし、腰に回して結んだら完成

○ステッキ

用意するもの：
- 直径5mmのアクリル棒30cm
- モール
- ワンタッチリボン
- リボン2、3種類
- マスキングテープ
- ワイヤー

1
アクリル棒にマスキングテープを巻きつける

2
1にモールを巻きつける。上の端は5cmほど巻かずに残す。下の端はマスキングテープでとめる

3
ワンタッチリボンを2で残した5cmのモールの中心につける

4
3を棒に巻きつけ、端をマスキングテープで棒に固定する

5
ワイヤーにリボン3種類を結び、ワンタッチリボンの根元にくくりつけて完成

アイテム 14
ガーランドの窓飾り

用意するもの：
・クレープ紙3色　1枚ずつ
・カッター
・針と糸
・両面テープ

1
3色のクレープ紙の短辺をそれぞれ異なるように切る。下段の紙を短辺25cmでカットする。中段の紙は、下段の-4cmのサイズでカットする。上段の紙は中段の-4cmのサイズでカットする

2
2．それぞれの紙の短辺を半分に折り、中央に折り目をつける。3枚の中央線を合わせて紙を重ね、針と糸で縫い合わせる

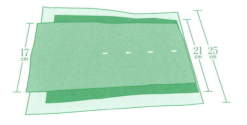

3
紙の両端に、中央線から1cmあけたところから、約1cm幅の切れ目を入れる。3枚を同時に切るので、よく切れるカッターを使うとよい

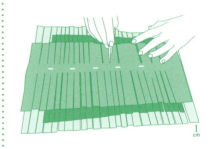

4
全体に切れ目を入れて、窓のサイズに合わせて長いフリンジができたら、両端を持って数回ねじり、螺旋状にする。好みの形に整ったら、窓枠に沿って両面テープで接着して完成

●ポイント
クレープ紙はロールのものを使用すると、長いガーランドが作れます。目の方向に沿って切ると、コシが出て、頑丈になります

アイテム 15
葉っぱのうつわ

用意するもの：
・色画用紙
・はさみ

1
紙を正方形に切る

2
正方形を半分の三角に折る。もう一度半分に折って、中央に折り目をつけて開く

3
三角の底辺の右の角を2の折り目に合わせて三角に折る

4
ふたたび角を三角に折る

5
折り目がついたら、開いて2の状態に戻す。図のように角を三角に折り上げる。★印がぴったり重なるように折る

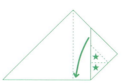

6
袋状になった台形部分を広げて、裏側にひっくり返すように折る（紙が破れないように注意）

7
一点鎖線（-・-）を葉っぱの形になるようにカットする

8
開いたら完成

●ポイント
葉脈を作るなら、7で紙を切る前に折り目をつけましょう

☞型はP.101

アイテム 16
切り紙のテーブル飾り

用意するもの：
・薄い紙（包装紙やデコパッチ用紙がおすすめ）
・はさみ

紙を約30cm角の正方形に切る。上に載せる皿の一回り大きいサイズにするとよい

正方形を半分の三角形に3回折る。4回目は図のように折る

図のように型を鉛筆で描く

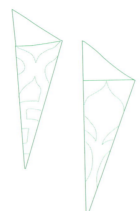

鉛筆の線に沿ってはさみで切る

開いたら完成

☞型はP.102

アイテム 17
モンスターピニャータ

用意するもの：
- 紙袋（高さ約30cm）2枚
- おばけのベロ用のオレンジの紙
- 黒い画用紙　・白い包装紙
- マスキングテープ各種
- セロハンテープ　・ひも
- ワックスペーパー　・割り箸
- はさみ　・カッター
- のり　・ガムテープ

1
2枚の紙袋でおばけの土台を作る。上部の紙袋の底部分を切って開き、下部の紙袋は底の中心にキリで穴をあける

2
オレンジの紙を長軸25cmの楕円に切って中央に線を引いてベロを作る

3
割り箸の真ん中にひもを巻きつけて結ぶ。ずれないように、上からクリップでとめてもよい

4
3のひもを下部の紙袋に入れ、1であけた底の穴に通す。ひもの先端から10cmのところに結び目を作り、セロハンテープでベロを取りつける。ベロの線の真ん中に大きめの飴やチョコレートを貼りつける

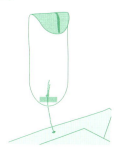

5
上部の紙袋におばけの口を描き、カッターで切り抜き、内側からワックスペーパーを両面テープで貼ってふさぐ。口の真ん中にカッターでベロを出す用の切り込みを入れる。

6
下部の紙袋の底がおばけの口のすぐ下に来るように位置を合わせ、2つの紙袋をガムテープでとめる。ベロがワックスペーパーの切れ目から外に出てくるようにして、ベロを引くと口からお菓子が出てくる仕掛けにする

7
上部の紙袋の上の角2箇所を内側に折り込み、おばけの形を作る。下部の紙袋の取っ手は内側に入れ込んで見えないようにとめておく

8
白い包装紙を8cm幅の短冊に切り、約1cm幅の切り込みを端から入れる。幅はランダムでもよい

9
8を何枚も作り、紙袋の下から上に向かって段に重なるようにのりで貼っていく。最終的に、紙袋全体が隠れるまで貼る

10
おばけの目をつけ、黒い画用紙を三角に丸めた帽子をかぶせ、ところどころにマスキングテープで飾りをつけたら完成

83

アイテム 18
ハロウィンのガーランド

用意するもの:
・色画用紙や蛍光ポスター
・カッター
・マスキングテープ

1
作りたいモチーフの型をコピー用紙などに描く

2
1をマスキングテープで画用紙に貼り、モチーフの幅に合わせて蛇腹に折る

3
画用紙がずれないようにマスキングテープでカッターマットに固定し、型紙に沿ってモチーフをカットして、開いたら完成

型はP.103〜106

アイテム 19

モンスターリース

用意するもの：
・発泡スチロールの土台
・ワンタッチリボン3色
・色画用紙
・目玉シール

ワンタッチリボンを1mにカットする

両端の中央を揃えて持ち、真ん中の紐を静かに引く

リボンを片側に引き寄せ、きれいな花ができたら、リボンのねじりを直し、中央のひもを結んで根元を固定する

リースの土台に1のリボンを結びつける

1～4をリースの土台が見えなくなるまで繰り返す

6

画用紙で作った歯と目玉シールをつけたら完成

アイテム 20
くるくる紙おばけ

用意するもの：
・色画用紙や蛍光ポスター
・目玉シール
・装飾用のシールやマスキングテープ
・はさみかカッター

紙に渦巻き状のおばけの形を描き、カットする

おばけの顔になるように、目玉シールや飾りを貼る

テグスをマスキングテープで裏面につけて天井から吊るしたら完成

☞型はP.107

86

アイテム 21
紙袋のくす玉

用意するもの：
- 紙袋
- 包装紙や英字新聞
- 付箋
- ひも
- 割り箸2膳
- メッセージを書いた紙
- 紙やフィルムのテープ
- はさみ
- のり
- 両面テープ

1
包装紙や英字新聞を短冊に切って、約1cm幅で切り込みを入れる

2
1を繰り返し、フリンジのついた短冊を何枚も用意する

3
紙袋の底を開き、2を下から段に重ね、のりで貼りつけていく。紙袋が隠れるように上まで貼り終えたら、ところどころ短冊の端を斜めに切り落とし、好きな色の付箋を貼る

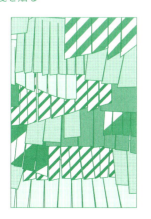

4
割り箸2膳を用意し、上の割り箸の両端にそれぞれ長めのひもを結びつける。下の割り箸の真ん中に別のひもを結び、垂らしておく。割り箸を、メッセージを書いた紙の上下に両面テープで貼りつける

5
上のひもを紙袋の底から入れこみ、取っ手の根元に左右どちらもテープで貼りつける

6
下のひもが中心にくるように、メッセージの紙をくるくると巻きこみ、紙袋のなかにしまう

7
テープやリボンを1mずつ、紙袋の内側の両側面と後ろの面に貼り、袋のなかにしまう。中央から6のひもを出して底を閉じる

8
天井から吊り下げたら完成

アイテム 22
プレゼント入り びっくり箱

用意するもの：
・プレゼント
・プレゼントより大きな空き箱
・風船
・ヘリウムガス
・風船用のひも
・装飾用のシールやマスキングテープ

上のふたが開くタイプのなるべく大きな箱を用意する

箱より一回り小さく膨らませた風船を長めのひもでプレゼントにくくりつける

箱のなかに、2を風船ごと入れてふたを閉める

箱の側面を丸シールやマスキングテープなどで飾りつけたら完成

●ポイント
風船をくくりつけるひもが重いと、箱を開いたときに風船が上がりにくいので、軽いひもを使いましょう

ギフト 01
ローズリボン

用意するもの：
- 5cm幅のワイヤー入りリボン（約65〜70cm）
- 細リボン（約30cm）
- ワイヤー
- お菓子（約10cm×7cmのOPP袋に入れる）

1
ワイヤー入りのリボンの左端を手前へ90°に折り、2cmほど下に出るようにする

2
手前へ折ったリボンの左端からきつく巻き、バラの芯を作る

3
右に出ているリボンを後ろ側へ半分に折る

4
手前側のリボンを斜めに上へずらしながら、3で折ったリボンを開いていく。そこに芯を一周巻きつける

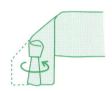

5
リボンが開ききった●印をつまんで、後ろ側に折り、芯の根元の★印に固定する

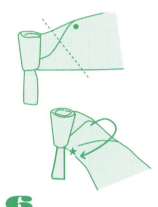

6
新たにできた●印の部分を5の要領で、ふたたび後ろ側へ折り、根元に重ねる

7
6を繰り返しながら、バラの花も少しずつ回転させていく

8
5〜6回繰り返したら、最後はリボンの中央に芯がくるように重ねる

9
芯にリボンを寄せ集め、ワイヤーでとめる。余分なワイヤーは根元でカットする

10
プチギフトのOPP袋をリボンの上にのせる。しぼった袋の口とバラの根元の位置を合わせる

11
10の向きを裏に返して残りのリボンで袋をくるむ

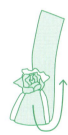

12
リボンの端を後ろ側へ90°に折る

13
点線の位置から手前に折る

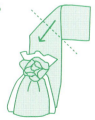

14
バラの根元といっしょに細リボンを結んで、蝶結びにしたら完成

ギフト 02
星の小箱

用意するもの:
- 色画用紙やスクラップブッキングの紙
- 分度器
- コンパス
- 定規
- カッター
- 両面テープ

1

紙の裏側に、鉛筆で1辺が6cmの正五角形を2つつなげて描き、片方はのりしろを作って、カッターで切る

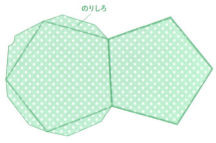

のりしろ

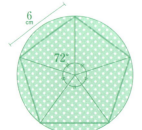

6cm
72°

2

2つの五角形を重ね合わせ、五角形のなかに星を描くように、カッターの刃の背を使って折り目をしっかりつける

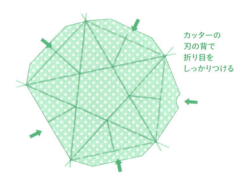

カッターの刃の背で折り目をしっかりつける

3

2の折り目に沿って、立体になるように折ったら、のりしろに両面テープを貼り、星型を組み立て、最後の1辺からプレゼントを入れて、閉じる

1
風呂敷の中心に瓶を置く

2
aとcを手で持ち、先端をビンの口の上で真結びにする。型くずれしないよう、きっちり結ぶ

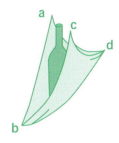

3
bとdは瓶に巻きつけるように、正面で真結びにする。このとき、結び目を瓶の半分より下につくると、ずれにくい

4
持ち手は、aとcを結んだ部分の端と端をねじりながら、上方に持って行き、輪を作って、もう一度真結びにする

●ポイント
正面に折り紙を挿してアレンジしてみましょう

ギフト03
風呂敷包み

用意するもの：
風呂敷（瓶の大きさに合わせる）

ギフト 04
鶴のラッピング

用意するもの：
・包装紙1枚
・リボン（箱の周囲×2＋蝶結び分）
・はさみ

a＝箱の厚さの2/3

1
傍線（──）の部分に切り込みを入れ、点線（----）を折る

2
●印の角を手前に折る

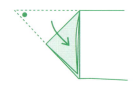

3
2の三角を開いて正方形にし、ここに鶴を作る

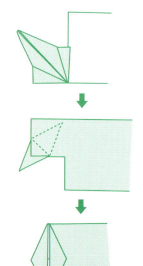

4
鶴の下の部分の端を斜めに折り込む

5
鶴が上にくるように箱を包む

6
鶴の羽を開く

7
羽をおさえるようにリボンをかけたら、完成

ギフト 06
包帯ミイラのラッピング

用意するもの：
・エアパッキン
・白いリボン
・マスキングテープ
・目玉シール

1

エアパッキンでプレゼントを包む

2

1に白いリボンを丁寧に下から巻いていく。リボンの巻きはじめはマスキングテープでとめ、上まで巻いたら、リボンの端をすでに巻いた部分に入れ込んで、尻尾のように長く出す

3

目玉シールを貼る。好みでマスキングテープで、傷あとなどの印をつけてもよい

ギフト 05
コウモリパッケージ

用意するもの：
・小物用ギフトボックス
・黒い厚紙やスクラップブッキングのラメ入りペーパー
・シール（ハート型、丸シールなど）
・はさみ
・グルーガンか両面テープ

1

黒い厚紙やラメ入りの紙を、コウモリの羽の形に切り取る

2

1をギフトボックスの裏面にグルーガンで貼る

3

コウモリの目になるように、丸やハート型のシールを貼ったら完成

ギフト 07
シャツとネクタイの紙袋

用意するもの:
- 紙袋1枚
- リボン（約1m）
- はさみ

紙袋の口をリボンの幅に合わせて2回折る

折った口のラインで両脇から4分の1ずつ切り込みを入れる

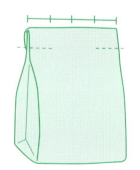

リボンを通す

切り込みを入れたところから手前に折り、リボンをネクタイ結びにする

肩の部分を内側へ折り込んだら、完成

ギフト08
三角パッケージ

用意するもの：
・紙の小袋（マチがないもの）
・リボンと穴あけパンチ、またはマスキングテープ

1
飴玉やチョコレートなど、小さなプレゼントを袋の中に入れる

2
上下から袋の真ん中をつまみ、空気を入れるように折ると、三角形の立体ができる

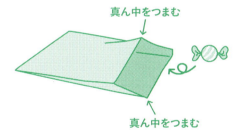

3
口の部分を折りたたみ、パンチで穴を2カ所あける

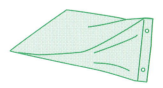

4
リボンを通して結んだら完成。マスキングテープで口を閉じてもよい

ギフト 09
ハートのバッグ

用意するもの：
- 包装紙2種類（24cm×8cm）
- 持ち手用の太リボン
- はさみかカッター
- 定規
- 穴あけパンチ
- 丸形シール

1
包装紙の長辺を半分に折り、折り目のほうからの8.5cmの切り込みを2cm幅で4カ所入れる。上部の角を丸くカットする。これを2枚作る

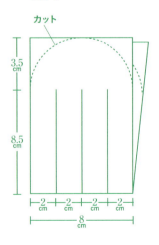

2
B①にA①を通す
A①にB②を通す
B③にA①を通す
A①にB④を通す

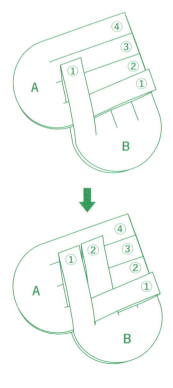

3
A②にB①を通す
B②にA②を通す
A②にB③を通す
B④にA②を通す

4
B①にA③を通す
A③にB②を通す
B③にA③を通す
A③にB④を通す

5
A④にB①を通す
B②にA④を通す
A④にB③を通す
B④にA④を通す

6
ハートの上部2カ所に丸形シールを貼って中心に印をつけ、穴あけパンチで穴をあける

7
穴に持ち手のリボンを通し、リボン結びをしたら完成

ギフト10
雑誌で作るギフトフラワー

用意するもの：
・古雑誌（A4サイズ）
・定規
・ホッチキス
・両面テープ

古雑誌を1ページ切り取り、縦辺を2cm幅でカットして短冊を9本作る

1のうち、3本は元の長さのまま、3本は端を2.5cmカット、2本は5cmカットする。残りの1本は全長9cmに切る

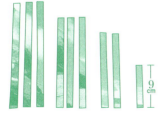

9cmの短冊以外の8本を、細長い8の字にねじって真ん中をホッチキスでとめる

9cmの紙は円状に丸めて両面テープで固定する

一番長い3本を真ん中で均等に組み合わせて両面テープで固定する

さらに中心部に2番目に長い3本を同様に組み合わせ、固定する

残りの2本を土台に乗せ、固定する

最後に、丸めた紙を中央に乗せ、固定したら完成

ギフト 11
ピーコックラッピング

用意するもの：
- 包装紙1枚
- リボン
- はさみ
- セロハンテープ

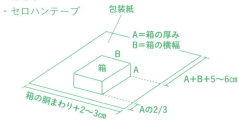

1
包装紙の上に箱を置き、底部に箱の厚さの3分の2を残して、両側から合わせ包み、テープでとめる

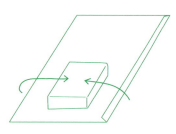

2
底部を図のように箱に合わせてきっちり折り込み、閉じる。箱の上部に折り目をつけておく

3
2つに折り合わせた上部を前後に折り返し、蛇腹を作る

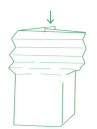

4
中央にリボンを一文字にかけ、蛇腹を押さえるように結ぶ

5
扇を広げ、図の点線に沿って内側に折り曲げ、形を整えたら完成

ギフト 12
薄葉紙の花ラッピング

用意するもの：
・薄葉紙2色
・リボン（約20cm）
・ワイヤー（約10cm）
・はさみ
・ピンキングばさみ

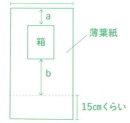

箱の周囲＋5〜6cm
15cmくらい
a＝箱の厚さ＋6〜7cm
b＝箱の厚さ＋箱のたての長さ

1
薄葉紙の端から約10cmのところを手前に折る

2
折り返した部分の中央にギャザーを寄せる

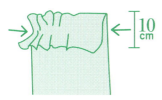

3
ギャザーを寄せたところにワイヤーをかけて2〜3回ひねってとめる。余分なワイヤーは根元で切り落とす

4
下に垂れたギャザーを上へ持ち上げて花びらにする

5
ギャザーを寄せた花の部分を手前にし、図の位置に箱を置く（a＝箱の厚さ＋6cm）

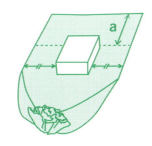

6
薄葉紙の両側を箱にかぶせ、角を図のように少し折り返す

7
花の部分を立ち上げて箱の上にかぶせる

8
箱の角のところに花の部分を合わせ、残りの紙で包み込むようにしてしぼる

9
根元に大きめのリボンを結び、花びらの端をピンキングばさみで切り開き、形を整えたら完成

型 01
えびの切り紙飾り
飾りつけイメージはP.24

型 02
葉っぱのうつわ
☞作り方はP.81

型 03
切り紙のテーブル飾り
☞作り方はP.82

型 04
ハロウィンのガーランド
☞作り方はP.84

おばけ

☞作り方はP.84

がいこつ

☞作り方はP.84

くも

☞作り方はP.84

こうもり

型 05
くるくる紙おばけ
☞作り方はP.86

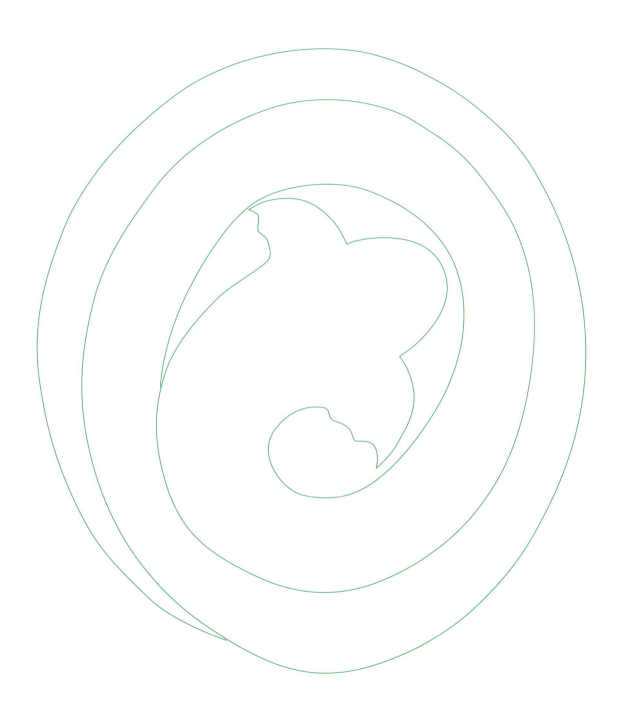

シモジマ直営店
SHOP DATA

シモジマ

関東地方

シモジマ馬喰横山店
〒103-0003
東京都中央区日本橋横山町5-1
Tel: 03-3661-8355
Open: 9:00〜17:30 日曜・祝日休
Access: 都営新宿線 馬喰横山駅A1出口 徒歩1分／都営浅草線 東日本橋駅／JR馬喰町駅

シモジマ浅草橋5号館
〒111-0053
東京都台東区浅草橋1-30-10
Tel: 03-3863-5501
Open: 月〜金9:00〜18:30／土日祝9:00〜17:30 不定休
Access: JR浅草橋駅東口／都営浅草線 浅草橋駅A4出口

シモジマ府中店
〒183-0025
東京都府中市矢崎町4-1
大東京綜合卸売センター
Tel: 042-364-9562
Open: 7:00〜15:00 日曜・祝日・市場休業日（主に水曜）休
Access: JR府中本町駅 徒歩10分

シモジマ松戸店
〒270-0014
千葉県松戸市小金 241-2
Tel: 047-341-5138
Open: 9:00〜18:00 不定休
Access: JR北小金駅より新京成バス貝の花小循環行 小金下町下車

シモジマ宇都宮店
〒320-0818
栃木県宇都宮市旭2-8-16
Tel: 028-634-1156
Open: 9:00〜17:30 日曜・祝日休
Access: JR宇都宮駅 徒歩15分／東武宇都宮駅 徒歩15分

シモジマニューポートひたちなか店
〒312-0005
茨城県ひたちなか市新光町34-1
ジョイフル本田ニューポートひたちなか店内
Tel: 029-264-2423
Open: 9:00〜19:00 不定休
Access:【東京・千葉・栃木・つくば方面から】常磐自動車道→友部JCT→北関東自動車道→ひたちなかIC下車10分
【水戸・大洗方面から】国道51号線→国道245号線
【福島・日立方面から】常磐自動車道→那珂IC→県道31号線→国道245号線約20分
常磐自動車道→常陸太田南IC→国道293号線→国道245号線約20分

関西地方

シモジマ心斎橋店
〒541-0057
大阪府大阪市中央区北久宝寺町3-3-8
本町南シモジマビル
Tel: 06-6252-4361
Open: 月9:00〜19:30／火〜土9:30〜19:30／日・祝10:00〜18:20 不定休
Access: 地下鉄御堂筋線 本町駅 月〜土10番⇒12番出口／日・祝7番出口・9番出口（船場センタービル休館のため）

シモジマ船場センタービル3号館店
〒541-0055
大阪府大阪市中央区船場中央1-4-3
B115（地下1階南側）
Tel: 06-6271-5458
Open: 9:30〜18:00 日曜・祝日休
Access: 地下鉄堺筋線・中央線 堺筋本町駅6・7番出口

シモジマ船場センタービル7号館店
〒541-0055
大阪府大阪市中央区船場中央3-1-7
B135（地下1階南側）
Tel: 06-6252-1567
Open: 9:00〜17:30 日曜・祝日休
Access: 地下鉄御堂筋線 本町駅10番出口／地下鉄堺筋線・中央線 堺筋本町駅6・7番出口

シモジマ三宮店
〒650-0021
兵庫県神戸市中央区三宮町1-9-1
センタープラザ3階
Tel: 078-325-3352
Open: 10:30〜19:00 不定休
Access: JR三ノ宮駅／阪神・阪急 三宮駅／地下鉄西神・山手線 三宮駅

中部地方

シモジマ名古屋店
〒460-0003
愛知県名古屋市中区錦2-5-17
Tel: 052-232-2597
Open: 月〜金9:30〜19:00／土9:30〜18:30／日・祝10:00〜18:30 不定休
Access: 地下鉄桜通線 丸の内駅5番出口 徒歩3分／東山線 伏見駅東側地下問屋街改札口 徒歩5分

シモジマ明道町店
〒451-0043
愛知県名古屋市西区新道2-7-1
Tel: 052-571-6726
Open: 月〜金8:30〜17:30／土8:30

最新情報・休業日は、HPにてご確認いただけます。
http://www.shimojima.co.jp/stores/index.html

〜17:00 日曜・祝日休
Access: JR名古屋駅 徒歩約12分／市バス 菊井町下車 徒歩5分

シモジマ岐阜店
〒500-8175
岐阜県岐阜市長住町9-8
Tel: 058-253-2253
Open: 月〜土9:30〜18:00／日・祝10:00〜18:00 不定休
Access: JR岐阜駅 徒歩15分／名鉄岐阜駅 徒歩20分

プロパック

プロパックかっぱ橋店
〒111-0035
東京都台東区西浅草3-7-5
Tel: 03-3843-2341
Open: 9:00〜17:30 不定休
Access: 地下鉄銀座線 田原町駅 徒歩8分／日比谷線 入谷駅 徒歩10分／都営浅草線・東武スカイツリーライン 浅草駅 徒歩15分／つくばエクスプレス 浅草駅 徒歩4分

プロパック立川店
〒190-0003
東京都立川市栄町4-20
Tel: 042-540-1581
Open: 9:30〜18:30 不定休
Access: JR立川駅より多摩都市モノレール 立飛駅 徒歩5分

プロパック所沢店
〒359-1142
埼玉県所沢市上新井4-31-13
Tel: 04-2940-5081
Open: 9:30〜18:30 不定休
Access: 西武池袋線 小手指駅 徒歩10分／西武新宿線 新所沢駅 徒歩20分

プロパック東大阪店
〒578-0903
大阪府東大阪市今米2-6-31
Tel: 072-960-5601
Open: 月〜金9:30〜18:30／土日祝10:00〜18:00 不定休
Access: 近鉄けいはんな線 吉田駅 徒歩15分

プロパック西大路五条店
〒600-8898
京都府京都市下京区西七条東御前田町22-1
Tel: 075-325-3600
Open: 9:30〜18:00 日曜・祝日休
Access: JR丹波口駅 徒歩15分／阪急西院駅 徒歩15分

WRAPPLE wrapping & D.I.Y.
（ラップル ラッピング アンド ディーアイワイ）

WRAPPLE（ラップル）渋谷店
〒150-8377
東京都渋谷区宇田川町15-1
渋谷PARCOパート1 4階
Tel: 03-5428-8284
Open: 10:00〜21:00 不定休
Access: JR・地下鉄各線 渋谷駅ハチ公口 徒歩5分

WRAPPLE（ラップル）福岡店
〒810-0001
福岡市中央区天神2-9-18
福岡PARCO新館5階
Tel: 092-235-7484
Open: 10:00〜20:30 不定休
Access: 地下鉄空港線 天神駅 徒歩2分

ブライダルボックス
アニバーサリーサロン横浜店
〒231-0021
神奈川県横浜市中区日本大通36 アニバーサリーサロン横濱2階
Tel: 045-212-9470
Open: 月〜金12:00〜20:00／土日祝11:00〜19:00 水曜休
Access: 地下鉄みなとみらい線 日本大通り駅3番出口 徒歩3分／JR根岸線・横浜市営地下鉄 関内駅1番出口 徒歩10分

east side tokyo
（イーストサイドトーキョー）
蔵前 フラワー館
〒111-0051
東京都台東区蔵前1-5-7
Tel: 03-5833-6541
Open: 月〜土10:00〜18:00 日曜・祝日休
Access: 都営浅草線 浅草橋駅A6出口 徒歩5分／都営浅草線 蔵前駅A1出口 徒歩4分
※近隣に、クラフト館とアニバーサリー館あり

canaelle（キャナエル）
グランツリー武蔵小杉
〒211-0004
神奈川県川崎市中原区新丸子東3-1135-1 グランツリー武蔵小杉3階
Tel: 044-431-1250
Open: 10:00〜21:00 不定休
Access: 東急・JR武蔵小杉駅 徒歩4分

ネット通販
ラッピング倶楽部
http://www.wrappingclub.jp/

※2015年12月現在の情報です。
※店舗によって取り扱い商品は異なります。
※休業日は変更になる場合がございます。

おわりに

　この本を手にとっていただき、ありがとうございました。お楽しみいただけたでしょうか。来週のパーティには、どれを作ってみようかなあと、自分でも思っているところです。

　そんなわたしは、もともと中学生の頃から浅草橋のシモジマが大好きで通いつめ、地域のバザーや家族のクリスマスパーティなど、手作りイベントをもりもり企画してきた、いちユーザーでした。それが、3年前にシモジマさんが新しいコンセプトのお店「WRAPPLE」を作るときに、ご縁あってクリエイティブ・ディレクションを担当し、改めて豊富な資材に出会いなおしてから、すっかり楽しくお仕事をさせていただきました。

　WRAPPLEの内装を手がけ、この本を一緒に作った安藤僚子さんは、同じく生粋のシモジマファンでした。そして、このWRAPPLEのお仕事を通じて、一緒に浅草橋に通いつめるうちに、二人のテンションは上がりっぱなしになってしまい、次々に浮かんでくる楽しいアイデアをどうにもおさえられず、果てにとうとう、こんな本を作るまでになりました。

　安藤さんは、普段はインテリアや空間デザインのお仕事をされていて、今回はとくに、初心者でも楽しめる手作りデコレーションのアイデアをたくさん考えてくれました。安藤さんの柔軟でパワフルで躍動感あるアイデア、紙への愛情、空間に対するプロフェッショナルな視点がこの本のクリエイティビティを支えています。そして、彼女が代表をつとめる設計事務所「デザインムジカ」のスタッフのみなさんの創造力とチームワークと工作技術が、この本作りには欠かせませんでした。本当におつかれさまです！

　そしてなによりも、こんな我々の思いを受け止めて、この本作りに資材やお知恵のご提供をくださったシモジマさんには心より感謝申し上げます。今回改めてシモジマさんのラッピング教則本を読みなおして、長年培ってこられたメソッドにも多くを学びました。本書に登場するギフトラッピングは、シモジマの方々にも制作サポートいただきました。みなさまの確かな技術を改めて尊敬申し上げるとともに、日々お店を守りながらも、お忙しい中サポートいただいたWRAPPLE店長さん、本当にありがとうございました。

　最後になりましたが、時間や風雨と闘いながら撮影してくださったカメラマンの神ノ川智早さん、仕上げに命をふきこんでくれたデザイナーの中島基文さん、この企画をカタチにすべく一緒に奔走してくださった、出版社リトルモアの編集者内藤文さん、加藤基さんに心より感謝申し上げます。撮影場所をご提供くださった友人の長谷川邸、山崎邸の各位にも感謝を。制作・撮影の本拠地、武蔵小山の「STUDIO4」さんの自由な空気にも本当に助けられました。

　それから、日々の暮らしの中で季節をめで、おもてなしや記念日を大切にお祝いすることを、幼い頃より教えてくれた母なくてはこの本は思いつきませんでした。撮影場所の提供・小道具協力ふくめて感謝します。

　みなさまにも、この本を小さなきっかけとして、まわりのお仕事のお仲間、地域のお知り合い、たいせつなご家族との間に、楽しい時間や大切な思い出が生まれてくれたらいいな、という願いをのせて、おわりにします。

　　　　　　　　　　　　　　　　金森 香

著者プロフィール

金森 香 かなもり かお (写真右)

ファッションブランド
「シアタープロダクツ」プロデューサー、
NPO法人「ドリフターズ・インターナショナル」理事、
イベントプランナー

セントラル セント マーチンズ カレッジ オブ アート アンド デザインの批評芸術学科を卒業後、チンドン屋を経て出版社リトルモアに勤務。2001年にデザイナーの武内昭氏、中西妙佳氏とシアタープロダクツを設立、現在まで広報ほかコミュニケーションにまつわる企画やマネジメント業務を担当している。2010年にはNPO法人ドリフターズ・インターナショナル理事に就任。また2012年、シモジマの新業態WRAPPLEのオープンに際し、クリエイティブ・ディレクターを担当。

http://www.theatreproducts.co.jp/
http://drifters-intl.org/

安藤僚子 あんどう りょうこ (写真左)

インテリアデザイナー、
設計事務所「デザインムジカ」代表

多摩美術大学美術学部建築科卒業後、インテリアデザイン事務所に勤務。2009年デザインムジカ設立。ファッションや飲食などの店舗設計を中心に、演劇や科学展示の会場構成、アートインスタレーションなど、空間にまつわる幅広いジャンルで活動している。ハンドメイドで遊び心のあるデザインを得意とする。最近では、情報メディアを使った空間インスタレーションの作品「スポーツタイムマシン」をゲーム監督と制作。2014年第17回文化庁メディア芸術祭エンターテインメント部門優秀賞、アルスエレクトロニカ2014(オーストリア)インタラクティブアート部門に入賞。WRAPPLEでは、店舗設計を担当。

http://designmusica.com/

本書掲載の装飾品やラッピングの制作

安藤僚子、赤間萌美、野﨑真希子、桑野里季(以上、デザインムジカ)、
山口 恵、本間香織(以上、株式会社シモジマ)、金森 香

Special Thanks

資材協力:株式会社シモジマ

制作協力:横山沙織、山本さくら、杉田光駿

撮影協力:
STUDIO 4
金森美弥子
長谷川晃一
山崎真央
株式会社スパイラル

杉並区立角川庭園・幻戯山房(すぎなみ詩歌館)
〒167-0051 東京都杉並区荻窪3-14-22
TEL:03-6795-6855
開園時間:9時〜17時 休園日:水曜・12月29日〜1月1日
俳人で、角川書店の創設者である故角川源義氏の旧邸宅。
庭は公園として公開している。

写真提供:長谷川晃一(P.31,P.64)、間部百合(P.53)

紙とリボンでたのしく飾ろう
ラップルさんのアイデア・パーティ

2015年12月23日　初版第1刷発行

著者　ラップルさん（金森 香　安藤僚子）
写真　神ノ川智早
ブックデザイン・イラストレーション　中島基文
編集　内藤 文　加藤 基

発行人　孫 家邦
発行所　株式会社リトルモア
　　　　〒151-0051　東京都渋谷区千駄ヶ谷3-56-6
　　　　TEL 03-3401-1042　FAX 03-3401-1052

印刷・製本　図書印刷株式会社

本書の無断複製・複写・引用を禁じます。
落丁・乱丁本は、送料小社負担でお取り替えいたします。

©Kao Kanamori　©Ryoko Ando　©Little More 2015
Printed in Japan
ISBN 978-4-89815-427-4 C0077
http://www.littlemore.co.jp